AF188142

Impressum
Verlag: BABADADA GmbH, Nedderfeld 112 , 22529 Hamburg
Geschäftsführer / Verlagsleitung: Harald Hof
Druck: Books on Demand GmbH, In de Tarpen 42, 22848 Norderstedt

Imprint
Publisher: BABADADA GmbH, Nedderfeld 112 , 22529 Hamburg, Germany
Managing Director / Publishing direction: Harald Hof
Print: Books on Demand GmbH, In de Tarpen 42, 22848 Norderstedt

klaslokaal
sınıf

delen
böl

186/2

bord
tahta

schoolplein
okul bahçesi

leraar
öğretmen

papier
kağıt

schrijven
yazmak

pen
kalem

bureau
masa

lineaal
cetvel

boek
kitap

leerling
öğrenci

schooltas

okul çantası

etui

kalemlik

potlood

kurşun kalem

puntenslijper

kalem açacağı

gum

silgi

schetsblok

çizim defteri

tekening

çizim

penseel

resim fırçası

verfdoos

boya kutusu

schaar

makas

lijm

tutkal

schrift

alıştırma kitabı

huiswerk

ödev

getal

sayı

optellen

ekle

aftrekken

çıkar

vermenigvuldigen

çarp

rekenen

hesapla

letter

harf

alfabet

alfabe

woord

kelime

tekst
metin

lezen
okumak

krijt
tebeşir

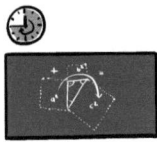

les
ders

klassenboek
kayıt

examen
sınav

diploma
sertifika

schooluniform
okul forması

opleiding
eğitim

encyclopedie
ansiklopedi

universiteit
üniversite

microscoop
mikroskop

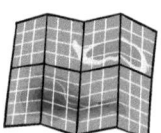

kaart
harita

prullenmand
kağıt çöp kutusu

reis
seyahat

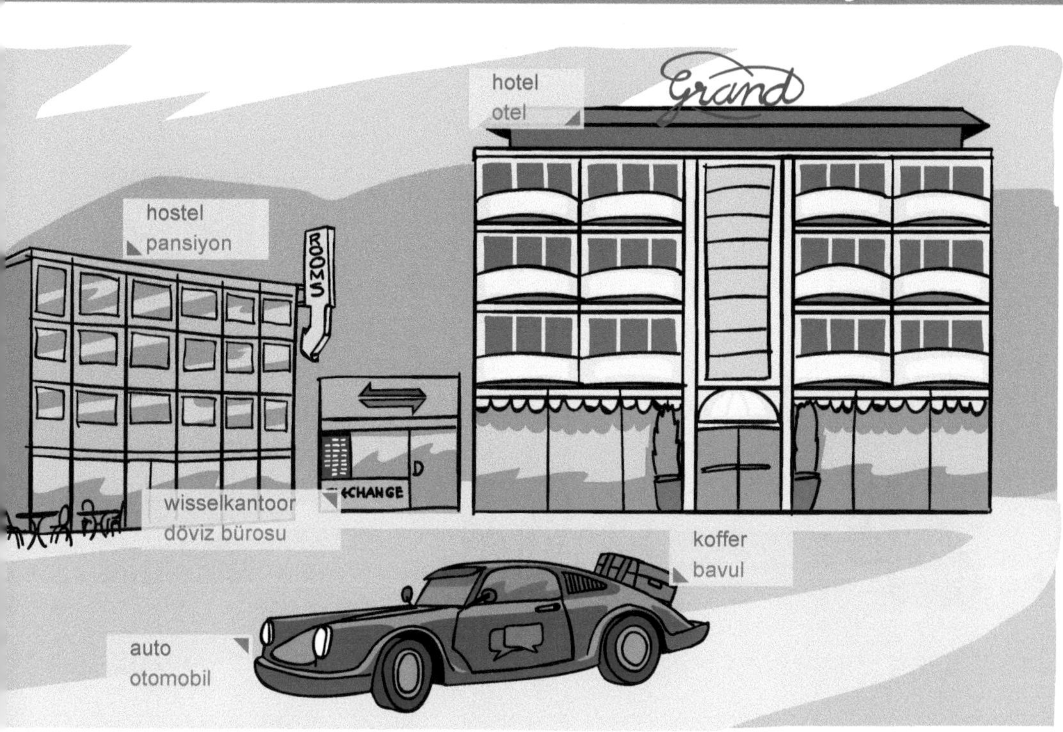
Grand
hotel
otel
hostel
pansiyon
ROOMS
wisselkantoor
döviz bürosu
koffer
bavul
auto
otomobil

taal

dil

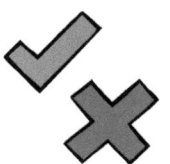

ja / nee

evet / hayır

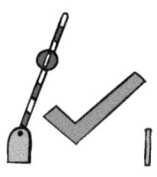

oké

Tamam

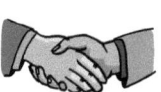

Hallo!

merhaba

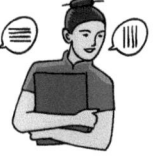

tolk

çevirmen

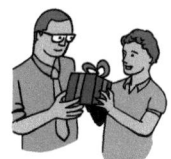

Bedankt.

Teşekkür ederim

Wat kost ...?

bu ... ne kadar?

Ik begrijp het niet.

anlamadım

probleem

problem

Goedenavond!

İyi akşamlar!

Goedemorgen!

Günaydın!

Goedenacht!

İyi geceler!

Tot ziens!

güle güle

richting

yön

bagage

bagaj

tas

çanta

rugzak

sırt çantası

gast

misafir

kamer

oda

slaapzak

uyku tulumu

tent

çadır

VVV-kantoor

turist danışma

strand

sahil

creditkaart

kredi kartı

ontbijt

kahvaltı

lunch

öğle yemeği

diner

akşam yemeği

kaartje

Bilet

lift

asansör

postzegel

pul

grens

sınır

douane

gümrük

ambassade

elçilik

visum

vize

paspoort

pasaport

transport
ulaşım

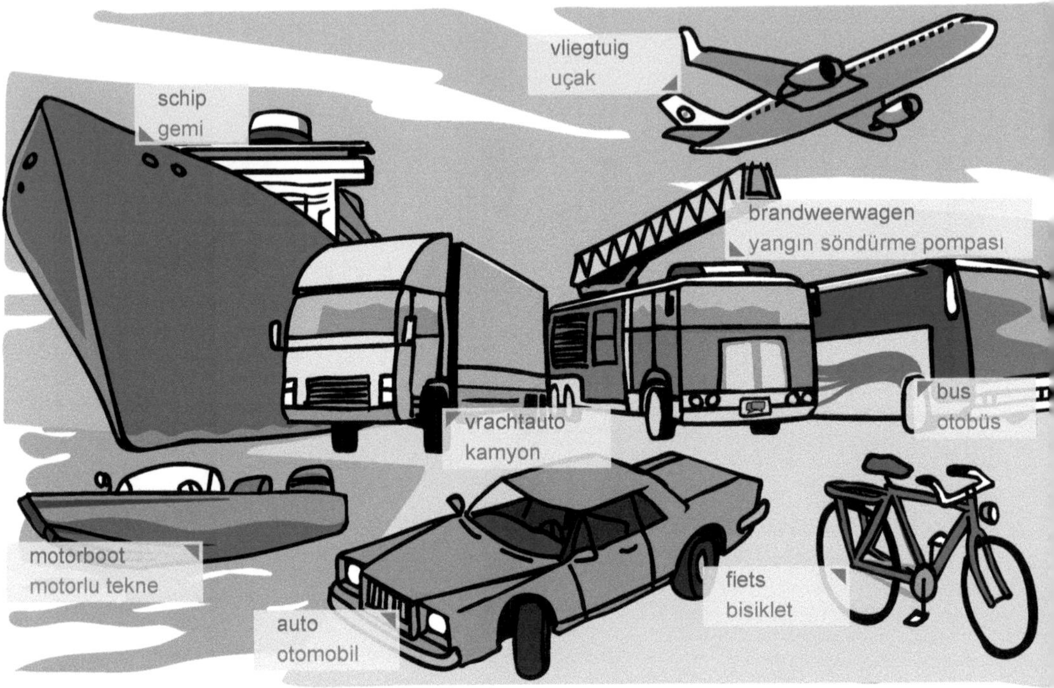

vliegtuig
uçak
schip
gemi
brandweerwagen
yangın söndürme pompası
bus
otobüs
vrachtauto
kamyon
motorboot
motorlu tekne
fiets
bisiklet
auto
otomobil

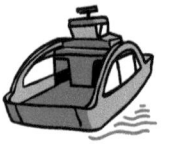

veerboot

feribot

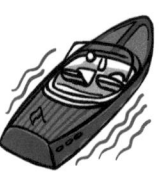

boot

bot

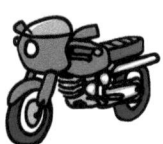

motorfiets

motosiklet

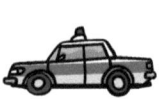

politiewagen

polis arabası

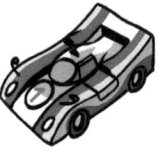

raceauto

yarış arabası

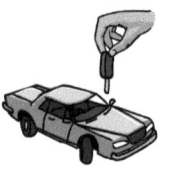

huurauto

kiralık araba

carsharing

ortak araba

takelwagen

çekici

vuilniswagen

çöp kamyonu

motor

motor

benzine

yakıt

benzinepomp

benzinlik

verkeersbord

trafik işareti

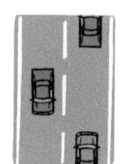

verkeer

trafik

file

trafik sıkışıklığı

parkeerplaats

otopark

station

tren istasyonu

rails

ray

trein

tren

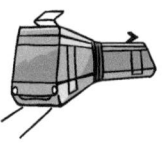

tram

tramvay

wagon

vagon

helikopter

helikopter

luchthaven

havaalanı

toren

kule

passagier

yolcu

container

konteyner

verhuisdoos

koli

kar

yük arabası

mand

sepet

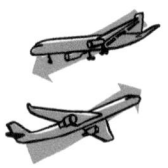

opstijgen / landen

kalkış / iniş

stad
şehir

dorp

köy

stadscentrum

şehir merkezi

huis

ev

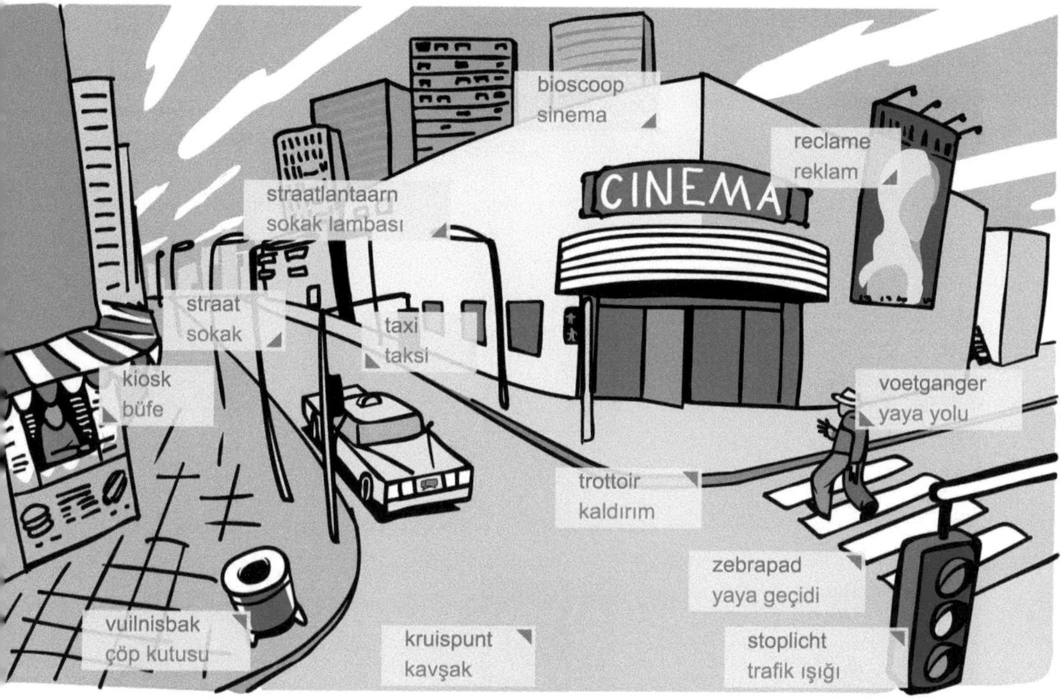

bioscoop
sinema

reclame
reklam

straatlantaarn
sokak lambası

CINEMA

straat
sokak

taxi
taksi

kiosk
büfe

voetganger
yaya yolu

trottoir
kaldırım

zebrapad
yaya geçidi

vuilnisbak
çöp kutusu

kruispunt
kavşak

stoplicht
trafik ışığı

hut
....
kulübe

appartement
....
apartman dairesi

station
....
tren istasyonu

stadhuis
....
belediye binası

museum
....
müze

school
....
okul

universiteit

üniversite

bank

banka

ziekenhuis

hastane

hotel

otel

apotheek

eczane

kantoor

ofis

boekenwinkel

kitapçı

winkel

mağaza

bloemenwinkel

çiçekçi

supermarkt

süpermarket

markt

market

warenhuis

büyük mağaza

visboer

balık satıcısı

winkelcentrum

alışveriş merkezi

haven

liman

stad - şehir

park

park

bank

bank

brug

köprü

trap

merdiven

metro

metro

tunnel

tünel

bushalte

otobüs durağı

bar

bar

restaurant

restoran

brievenbus

posta kutusu

straatnaambord

sokak tabelası

parkeermeter

otopark sayacı

dierentuin

hayvanat bahçesi

zwembad

yüzme havuzu

moskee

cami

boerderij

çiftlik

vervuiling

kirlilik

begraafplaats

mezarlık

kerk

kilise

speelplaats

oyun alanı

tempel

tapınak

landschap
arazi

blad
yaprak

wegwijzer
yön tabelası

weg
yol

weide
çayır

steen
taş

boom
ağaç

wandelaar
yürüyüşçü

rivier
ırmak

gras
çimen

bloem
çiçek

vallei
vadi

berg
tepe

meer
göl

bos
orman

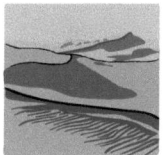

woestijn
çöl

vulkaan
volkan

kasteel
kale

regenboog
gökkuşağı

paddenstoel
mantar

palmboom
palmiye

mug
sivrisinek

vlieg
sinek

mier
karınca

bij
arı

spin
örümcek

kever
böcek

kikker
kurbağa

eekhoorn
sincap

egel
kirpi

haas
yabani tavşan

uil
baykuş

vogel
kuş

zwaan
kuğu

wild zwijn
yaban domuzu

hert
geyik

eland
geyik

stuwdam
baraj

windmolen
rüzgar türbini

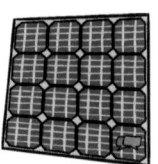

zonnepaneel
güneş paneli

klimaat
iklim

landschap - arazi

restaurant

restoran

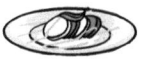

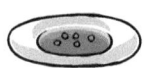

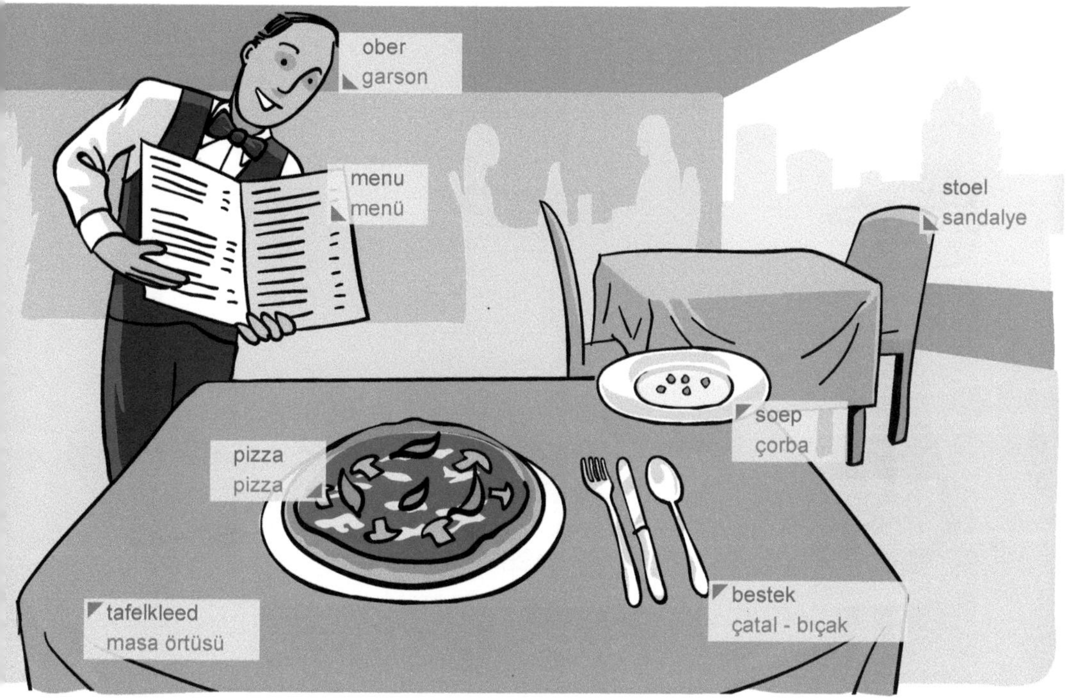

ober
garson
menu
menü
stoel
sandalye
soep
çorba
pizza
pizza
bestek
çatal - bıçak
tafelkleed
masa örtüsü

voorgerecht

başlangıç

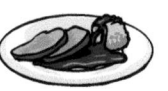

hoofdgerecht

ana yemek

toetje

tatlı

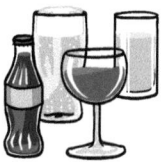

dranken

içecekler

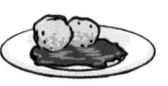

eten

yemek

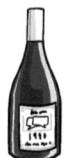

fles

şişe

fastfood

fastfood

eetkraampje

sokak yemeği

theepot

çaydanlık

suikerpot

şekerlik

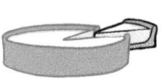

portie

porsiyon

espressomachine

espresso makinesi

kinderstoel

mama sandalyesi

rekening

fatura

dienblad

tepsi

mes

bıçak

vork

çatal

lepel

kaşık

theelepel

çay kaşığı

servet

servis peçetesi

glas

bardak

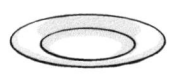

bord

tabak

soepbord

çorba kasesi

schotel

fincan altlığı

saus

sos

zoutvaatje

tuzluk

pepermolen

karabiber değirmeni

azijn

sirke

olie

yağ

kruiden

baharat

ketchup

ketçap

mosterd

hardal

mayonaise

mayonez

supermarkt
süpermarket

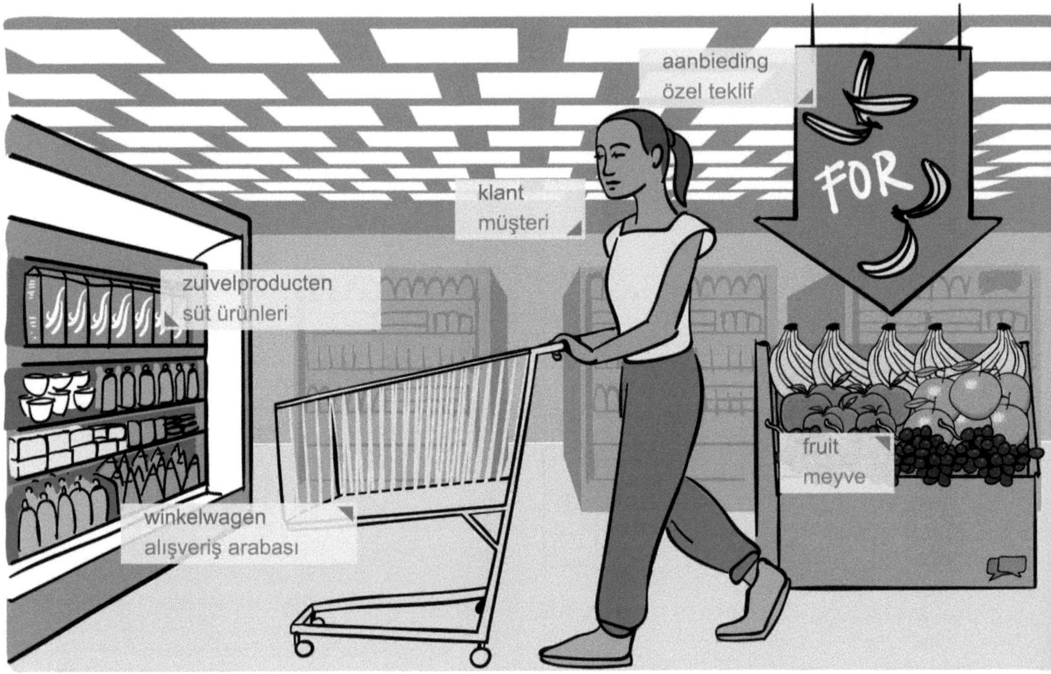

aanbieding
özel teklif
FOR
klant
müşteri
zuivelproducten
süt ürünleri
fruit
meyve
winkelwagen
alışveriş arabası

BUTCHERS

slager

kasap

BAKERY

bakkerij

fırın

wegen

tartmak

groente

sebze

vlees

et

diepvriesproducten

donmuş gıda

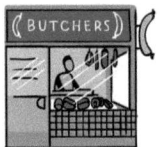

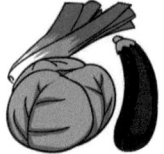

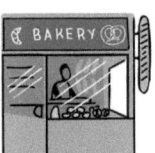

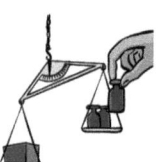

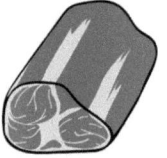

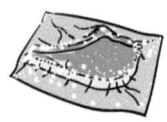

vleeswaren

söğüş et

conserven

konserve yiyecek

wasmiddel

toz deterjan

snoepgoed

şekerlemeler

huishoudelijke artikelen

ev temizlik ürünleri

schoonmaakmiddel

temizlik ürünleri

verkoopster

satış görevlisi

kassa

yazar kasa

kassier

kasiyer

boodschappenlijstje

alışveriş listesi

openingstijden

açılış saatleri

portefeuille

cüzdan

creditkaart

kredi kartı

tas

çanta

plastic zak

plastik poşet

water

su

sap

meyve suyu

melk

süt

cola

kola

wijn

şarap

bier

bira

alcohol

alkol

chocolademelk

kakao

thee

çay

koffie

kahve

espresso

espresso

cappuccino

kapuçino

banaan
muz

appel
elma

sinaasappel
portakal

watermeloen
kavun

citroen
limon

wortel
havuç

knoflook
sarımsak

bamboe
bambu

ui
soğan

paddenstoel
mantar

noten
çerez

pasta
makarna

spaghetti

spagetti

rijst

pirinç

salade

salata

friet

cips

gebakken aardappelen

patates kızartması

pizza

pizza

hamburger

hamburger

sandwich

sandviç

schnitzel

şinitzel

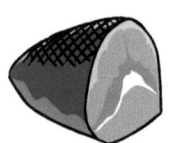

ham

pastırma

salami

salam

worst

sosis

kip

tavuk

gebraad

rosto

vis

balık

havermout

yulaf ezmesi

muesli

müsli

cornflakes

mısır gevreği

meel

un

croissant

kruvasan

broodjes

küçük ekmek

brood

ekmek

toast

tost

koekjes

bisküvi

boter

tereyağı

kwark

kaymak

taart

kek

ei

yumurta

gebakken ei

sahanda yumurta

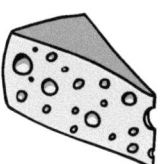

kaas

peynir

ijs

dondurma

suiker

şeker

honing

bal

jam

reçel

chocoladepasta

fındık ezmesi

kerrie

köri

eten - yemek

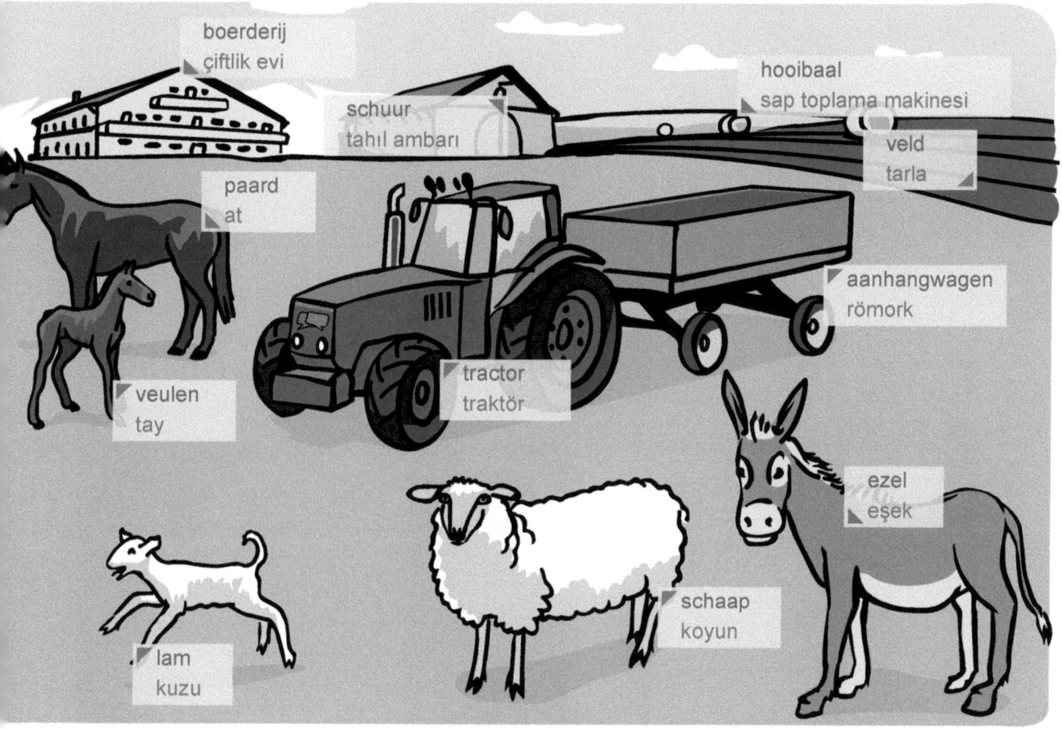

boerderij
çiftlik evi

hooibaal
sap toplama makinesi

schuur
tahıl ambarı

veld
tarla

paard
at

aanhangwagen
römork

tractor
traktör

veulen
tay

ezel
eşek

lam
kuzu

schaap
koyun

geit	koe	kalf
keçi	inek	buzağı

varken	big	stier
domuz	domuz yavrusu	boğa

gans
kaz

eend
ördek

kuiken
civciv

kip
tavuk

haan
horoz

rat
sıçan

kat
kedi

muis
fare

os
öküz

hond
köpek

hondenhok
köpek kulübesi

tuinslang
bahçe hortumu

gieter
sulama kabı

zeis
tırpan

ploeg
pulluk

sikkel

orak

schoffel

çapa

hooivork

dirgen

bijl

balta

kruiwagen

el arabası

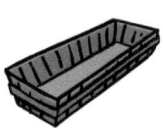

trog

yemlik

melkbus

süt kovası

zak

çuval

hek

çit

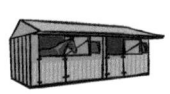

stal

ahır

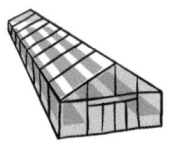

broeikas

sera

grond

toprak

zaad

tohum

mest

gübre

maaidorser

biçerdöver

oogsten

hasat etmek

oogst

harman

yam

tatlı patates

tarwe

buğday

soja

soya

aardappel

patates

maïs

mısır

koolzaad

kolza

fruitboom

meyve ağacı

maniok

manyok

granen

hububat

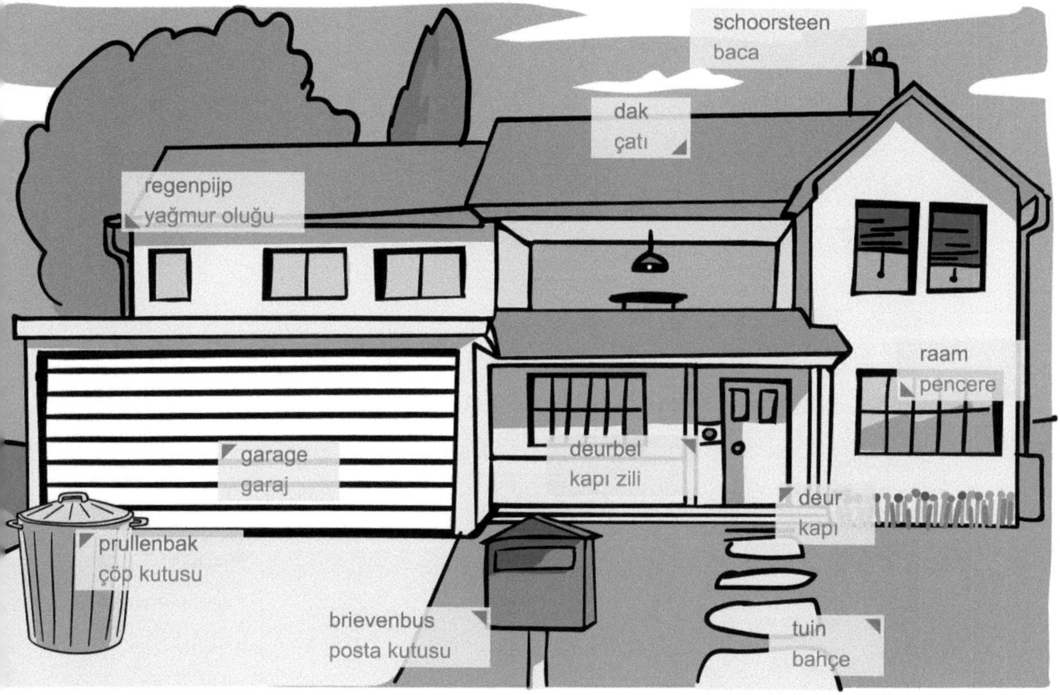

schoorsteen
baca

dak
çatı

regenpijp
yağmur oluğu

raam
pencere

garage
garaj

deurbel
kapı zili

deur
kapı

prullenbak
çöp kutusu

brievenbus
posta kutusu

tuin
bahçe

woonkamer
oturma odası

badkamer
banyo

keuken
mutfak

slaapkamer
yatak odası

kinderkamer
çocuk odası

eetkamer
yemek odası

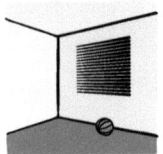

vloer

zemin

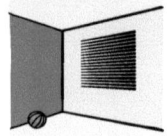

muur

duvar

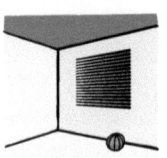

plafond

tavan

kelder

kiler

sauna

sauna

balkon

balkon

terras

teras

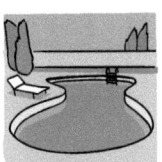

zwembad

havuz

grasmaaier

çim biçme makinesi

laken

çarşaf

bedsprei

yatak örtüsü

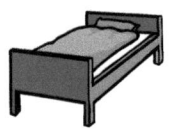

bed

yatak

bezem

süpürge

emmer

kova

schakelaar

anahtar

woonkamer
oturma odası

behang
duvar kağıdı
foto
resim
lamp
lamba
plank
raf
kast
dolap
televisie
televizyon
open haard
şömine
bloem
çiçek
kussen
minder
bankstel
kanepe
vaas
vazo
afstandsbediening
uzaktan kumanda

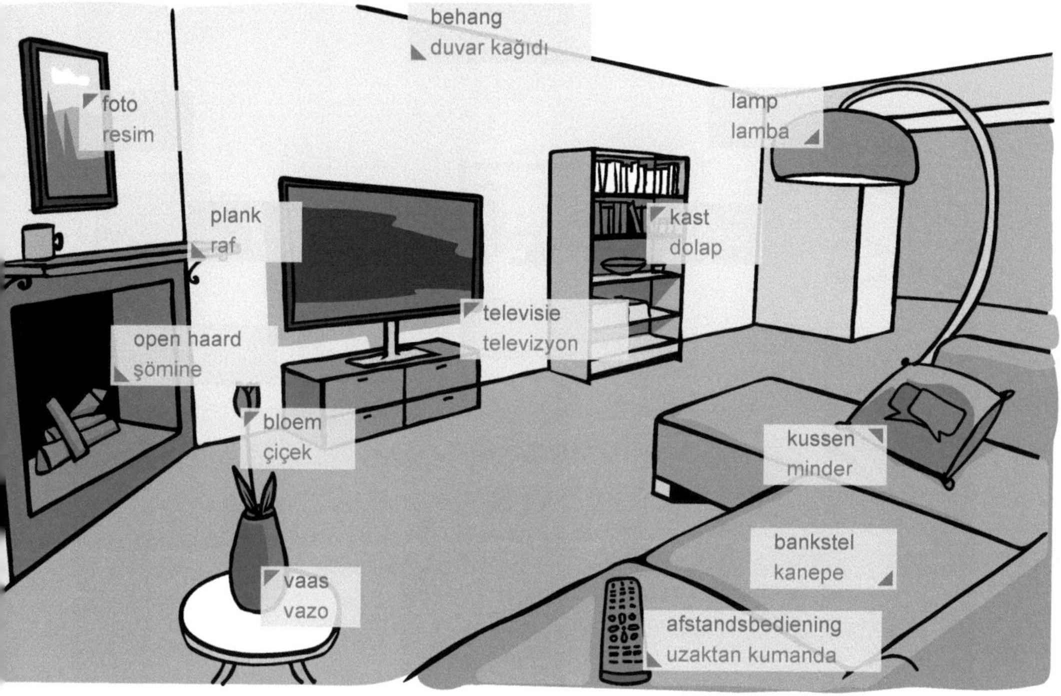

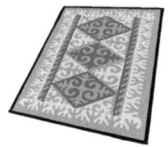

tapijt
halı

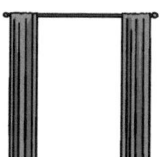

gordijn
perde

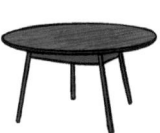

tafel
masa

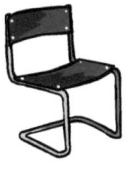

stoel
sandalye

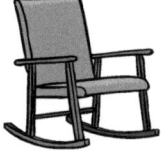

schommelstoel
salıncaklı koltuk

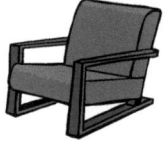

stoel
koltuk

boek

kitap

deken

battaniye

decoratie

dekor

brandhout

odun

film

film

stereo-installatie

hi-fi

sleutel

anahtar

krant

gazete

schilderij

tablo

poster

poster

radio

radyo

kladblok

defter

stofzuiger

elektrikli süpürge

cactus

kaktüs

kaars

mum

keuken
mutfak

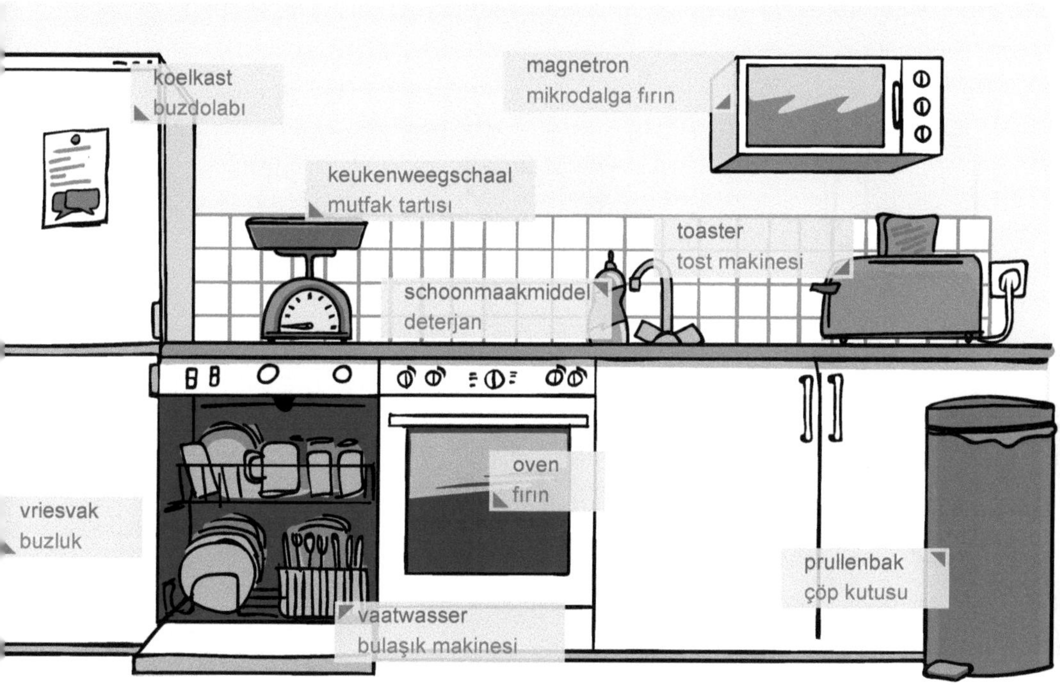

koelkast
buzdolabı
magnetron
mikrodalga fırın
keukenweegschaal
mutfak tartısı
toaster
tost makinesi
schoonmaakmiddel
deterjan
oven
fırın
vriesvak
buzluk
prullenbak
çöp kutusu
vaatwasser
bulaşık makinesi

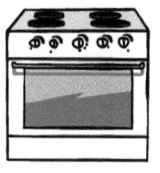

fornuis

ocak

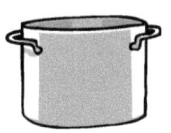

pan

tencere

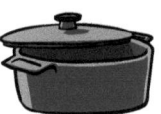

gietijzeren pan

döküm tencere

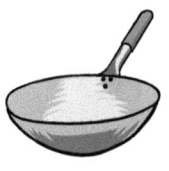

wok / kadai

wok

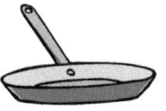

koekenpan

tava

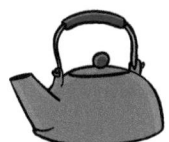

ketel

su ısıtıcı

stoomkoker
buharlı pişirici

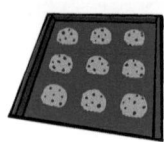

bakplaat
pişirme tepsisi

servies
tabak takımı

beker
kupa

kom
kase

eetstokjes
çubuk (çin yemeği)

soeplepel
kepçe

spatel
spatula

garde
çırpma teli

vergiet
süzgeç

zeef
elek

rasp
rende

vijzel
havan

barbecue
barbekü

vuurhaard
açık ateş

snijplank
kesme tahtası

deegroller
merdane

kurkentrekker
tirbüşon

blik
konserve kutusu

blikopener
konserve açacağı

pannenlap
fırın eldiveni

wasbak
evye

borstel
fırça

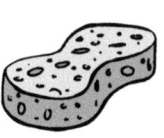

spons
sünger

blender
blender

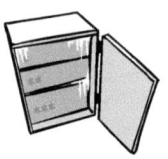

vriezer
derin dondurucu

babyflesje
biberon

kraan
musluk

keuken - mutfak

badkamer

banyo

douche
duş
verwarming
ısıtma
handdoek
havlu
douchegordijn
duş perdesi
bubbelbad
köpük banyosu
bad
küvet
glas
bardak
wasmachine
çamaşır makinesi
kraan
musluk
tegels
fayans
potje
lazımlık
wasbak
evye

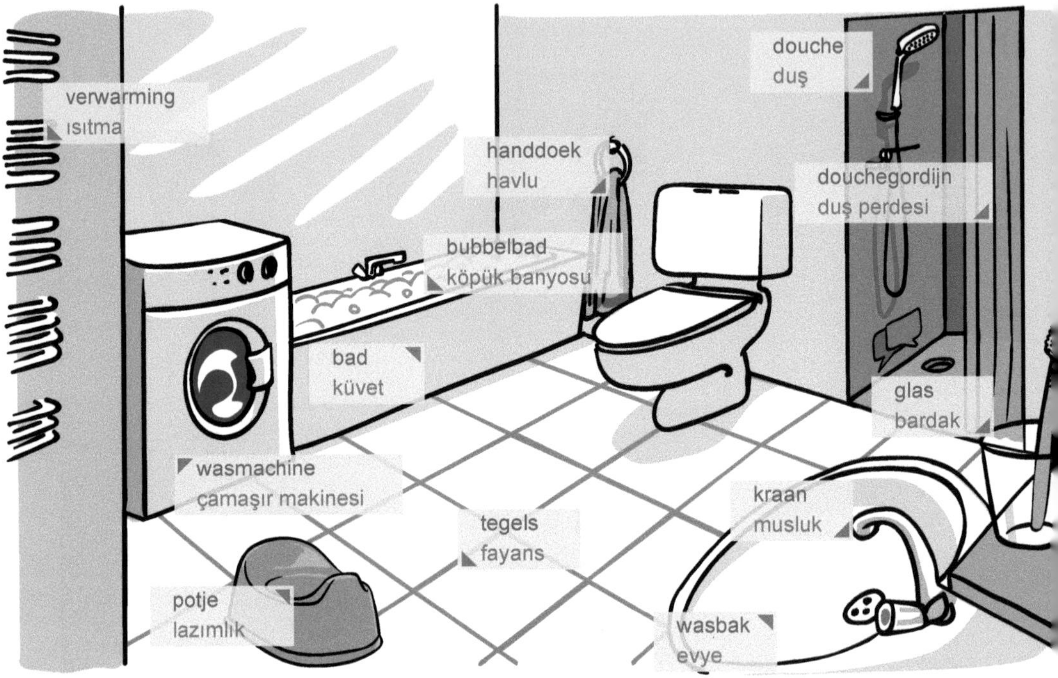

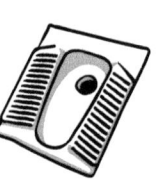

toilet

tuvalet

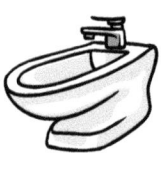

hurktoilet

alaturka tuvalet

bidet

bide

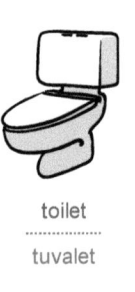

urinoir

pisuvar

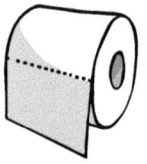

toiletpapier

tuvalet kağıdı

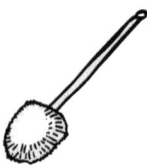

toiletborstel

tuvalet fırçası

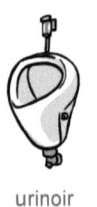

tandenborstel

diş fırçası

tandpasta

diş macunu

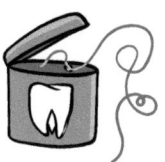

flosdraad

diş ipi

wassen

yıkamak

handdouche

duş başlığı

toiletdouche

duş başlığı şeklinde taharet musluğu

waskom

küvet

rugborstel

banyo fırçası

zeep

sabun

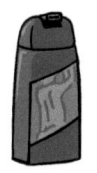

douchegel

duş jeli

shampoo

şampuan

washanje

banyo lifi

afvoer

gider

creme

krem

deodorant

deodorant

spiegel

ayna

make-upspiegel

el aynası

scheermes

jilet

scheerschuim

tıraş köpüğü

aftershave

tıraş losyonu

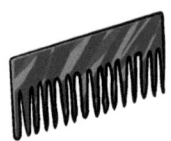

kam

tarak

borstel

fırça

haardroger

saç kurutma makinesi

haarspray

saç spreyi

make-up

makyaj

lippenstift

ruj

nagellak

tırnak cilası

watten

pamuk

nagelschaartje

tırnak makası

parfum

parfüm

badkamer - banyo

toilettas
makyaj çantası

kruk
tabure

weegschaal
tartı

badjas
bornoz

rubber handschoenen
lastik eldiven

tampon
tampon

maandverband
kadın pedi

chemisch toilet
kimyevi tuvalet

kinderkamer
çocuk odası

wekker
çalar saat
knuffeldier
peluş oyuncak
speelgoedauto
oyuncak araba
rammelaar
çıngırak
poppenhuis
bebek evi
cadeau
hediye

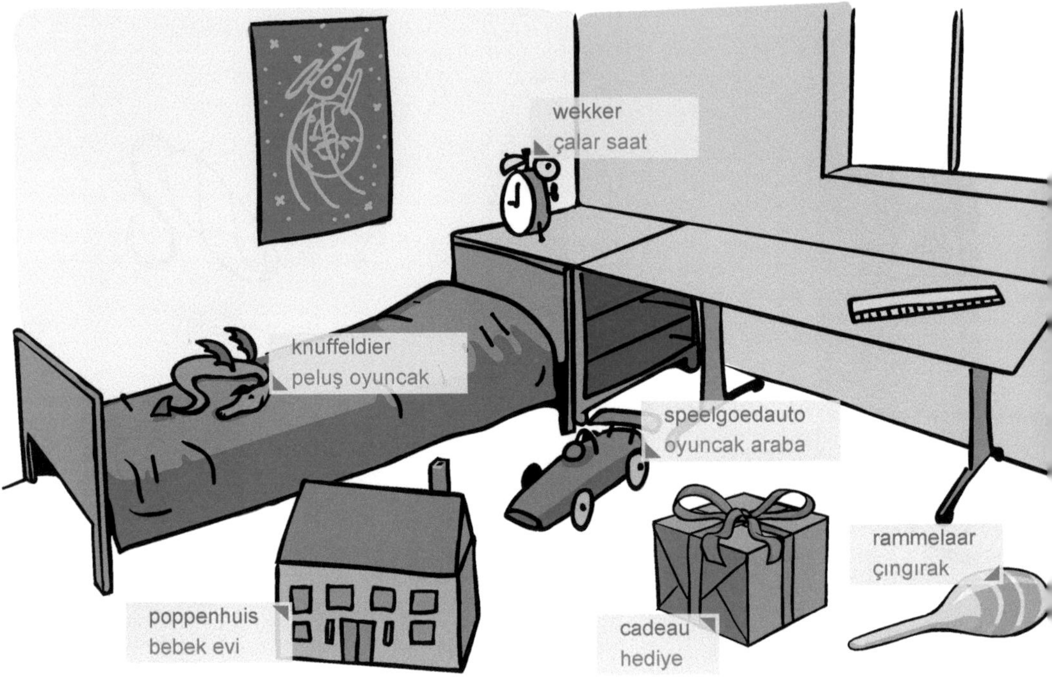

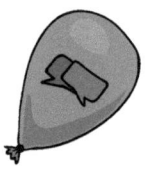

ballon

balon

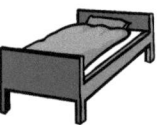

bed

yatak

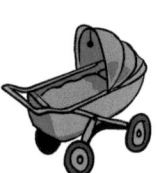

kinderwagen

bebek arabası

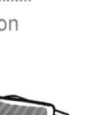

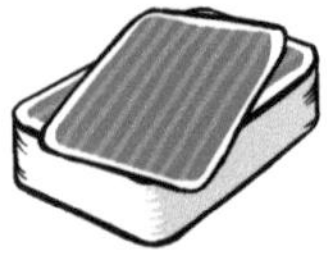

kaartspel

kart destesi

puzzel

yapboz

SUPER
MEGA

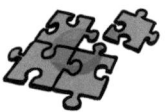

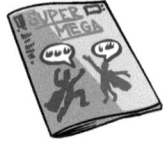

stripverhaal

çizgi roman

legostenen
lego tuğlaları

speelgoedblokken
lego blokları

actiefiguurtje
aksiyon figürü

romper
zıbın

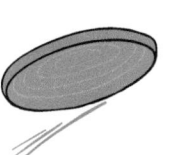

frisbee
frizbi

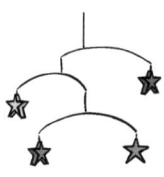

mobile
dönence

bordspel
masa oyunu

dobbelsteen
zar

modeltrein
model tren seti

speen
emzik

feestje
parti

prentenboek
resimli kitap

bal
top

pop
oyuncak bebek

spelen
oynamak

zandbak

kum havuzu

schommel

salıncak

speelgoed

oyuncaklar

spelcomputer

video oyun konsolu

driewieler

üç tekerlekli bisiklet

teddybeer

oyuncak ayı

kleerkast

gardırop

kleding

kıyafet

sokken

çorap

kousen

külotlu çorap

panty

tayt

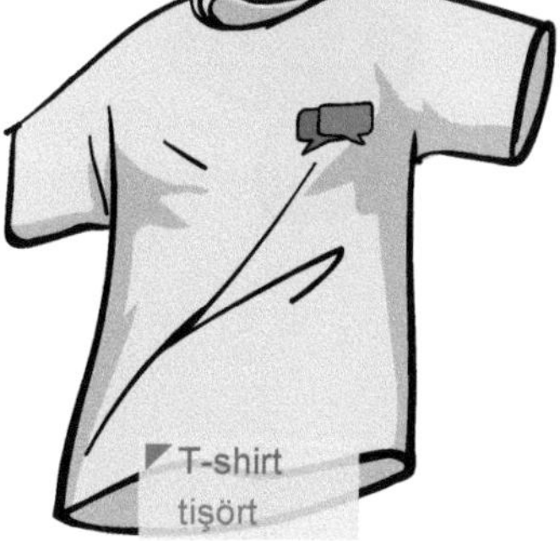

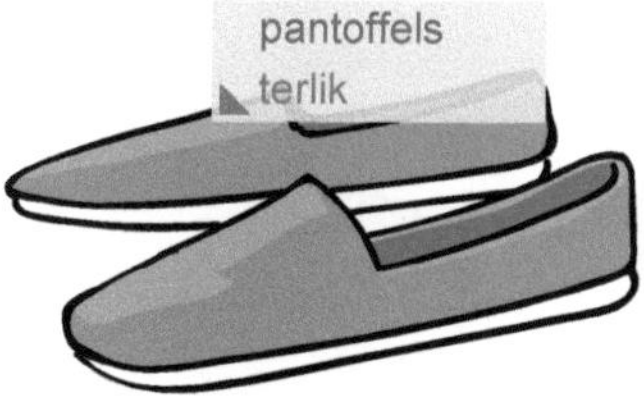

sjaal
eşarp

riem
kemer

paraplu
şemsiye

T-shirt
tişört

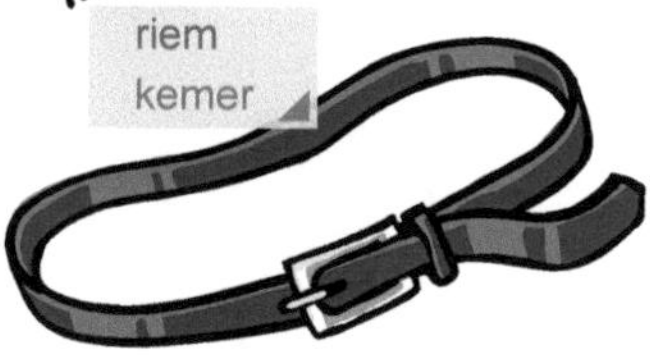

laarzen
bot

pantoffels
terlik

sportschoenen
spor ayakkabı

sandalen
sandalet

schoenen
ayakkabı

rubberlaarzen
lastik çizme

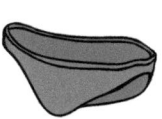

onderbroek
külot

beha
sütyen

onderhemd
yelek

body
dar bluz

broek
pantolon

spijkerbroek
kot pantolon

rok
etek

blouse
bluz

overhemd
gömlek

trui
kazak

hoody
süveter

blazer
blazer

jas
ceket

mantel
mont

regenjas
yağmurluk

kostuum
kostüm

jurk
elbise

trouwjurk
gelinlik

pak

takım elbise

nachthemd

gecelik

pyjama

pijama

sari

sari

hoofddoek

baş örtüsü

tulband

türban

boerka

burka

kaftan

kaftan

abaja

çarşaf

zwempak

mayo

zwembroek

erkek mayosu

korte broek

şort

trainingspak

eşofman

schort

önlük

handschoenen

eldiven

knoop

düğme

bril

gözlük

armband

bilezik

ketting

kolye

ring

yüzük

oorbel

küpe

pet

kep

kledinghanger

portmanto

hoed

şapka

stropdas

kravat

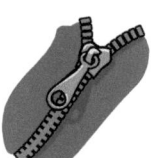

rits

fermuar

helm

kask

bretels

pantolon askısı

schooluniform

okul forması

uniform

üniforma

slabbetje

mama önlüğü

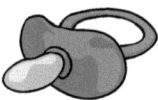

speen

emzik

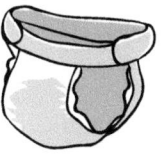

luier

bebek bezi

kantoor
ofis

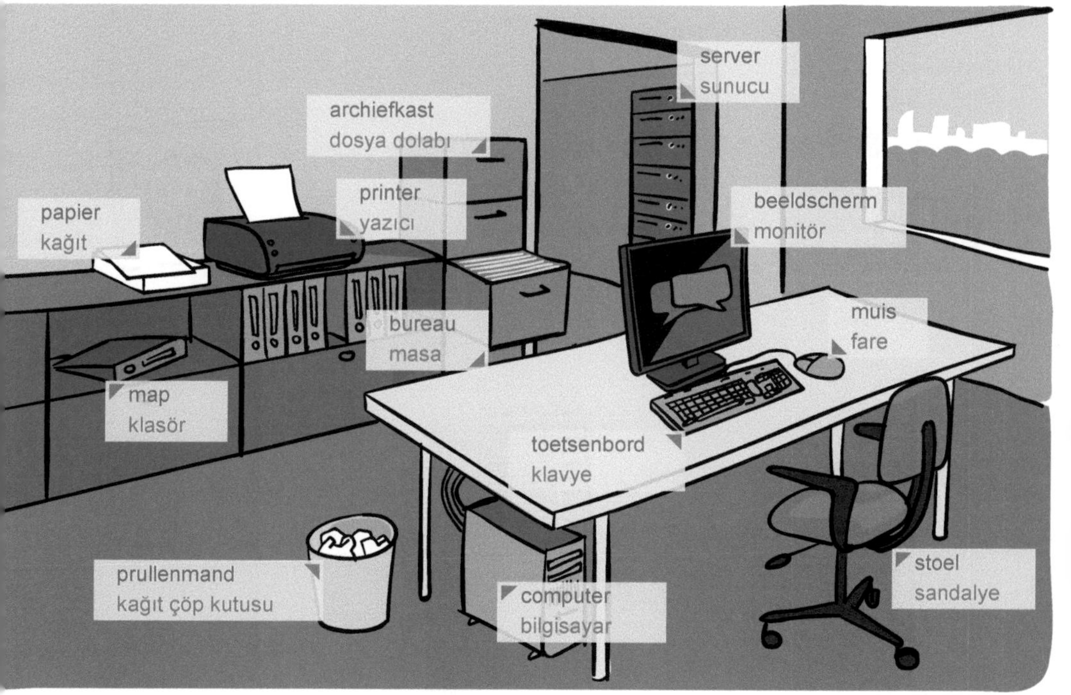

server
sunucu

archiefkast
dosya dolabı

printer
yazıcı

papier
kağıt

beeldscherm
monitör

bureau
masa

muis
fare

map
klasör

toetsenbord
klavye

prullenmand
kağıt çöp kutusu

computer
bilgisayar

stoel
sandalye

koffiemok

kahve fincanı

rekenmachine

hesap makinesi

internet

internet

laptop
dizüstü

brief
mektup

bericht
mesaj

mobiele telefoon
cep telefonu

netwerk
ağ

kopieermachine
fotokopi makinesi

software
yazılım

telefoon
telefon

stopcontact
priz

fax
faks makinesi

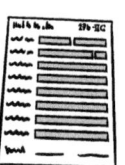

formulier
form

document
belge

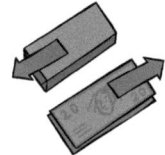

kopen

satın almak

betalen

ödemek

handel drijven

ticaret yapmak

geld

para

dollar

dolar

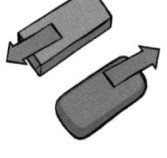

euro

avro

yen

yen

roebel

ruble

Zwitserse frank

İsviçre frangı

renminbi yuan

Çin yuanı

roepie

rupi

geldautomaat

kasa

wisselkantoor

döviz bürosu

goud

altın

zilver

gümüş

olie

petrol

energie

enerji

prijs

fiyat

contract

kontrat

belasting

vergi

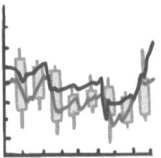

aandeel

menkul değer

werken

çalışmak

werknemer

işveren

werkgever

işçi

fabriek

fabrika

winkel

mağaza

beroepen
meslekler

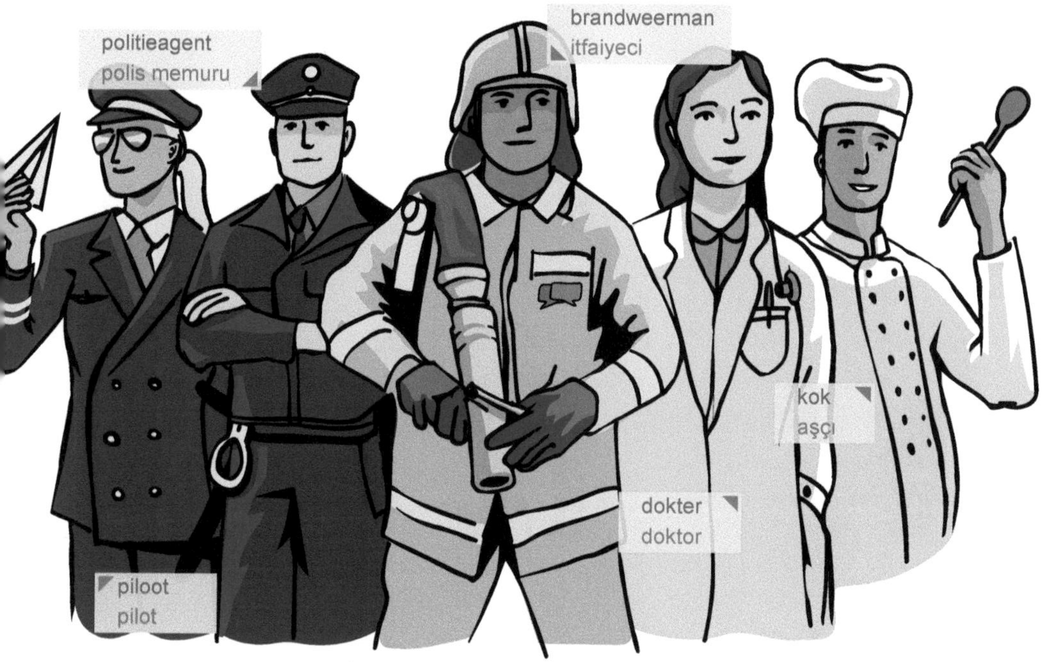
politieagent
polis memuru
brandweerman
itfaiyeci
kok
aşçı
dokter
doktor
piloot
pilot

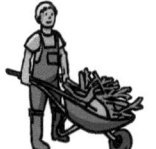

tuinman

bahçıvan

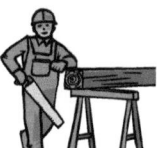

timmerman

marangoz

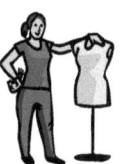

naaister

terzi

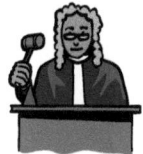

rechter

hakim

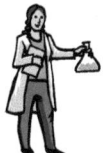

scheikundige

kimyager

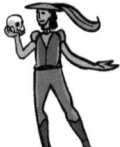

toneelspeler

aktör

buschauffeur

otobüs şoförü

taxichauffeur

taksi şoförü

visser

balıkçı

schoonmaakster

temizlikçi

dakdekker

çatı ustası

ober

garson

jager

avcı

schilder

boyacı

bakker

fırıncı

elektricien

elektrikçi

bouwvakker

inşaatçı

ingenieur

mühendis

slager

kasap

loodgieter

muslukçu

postbode

postacı

soldaat
asker

architect
mimar

kassier
kasiyer

bloemist
çiçekçi

kapper
kuaför

conducteur
kondüktör

monteur
tamirci

kapitein
kaptan

tandarts
dişçi

wetenschapper
bilim insanı

rabbi
haham

imam
imam

monnik
keşiş

pastoor
rahip

gereedschap
aletler

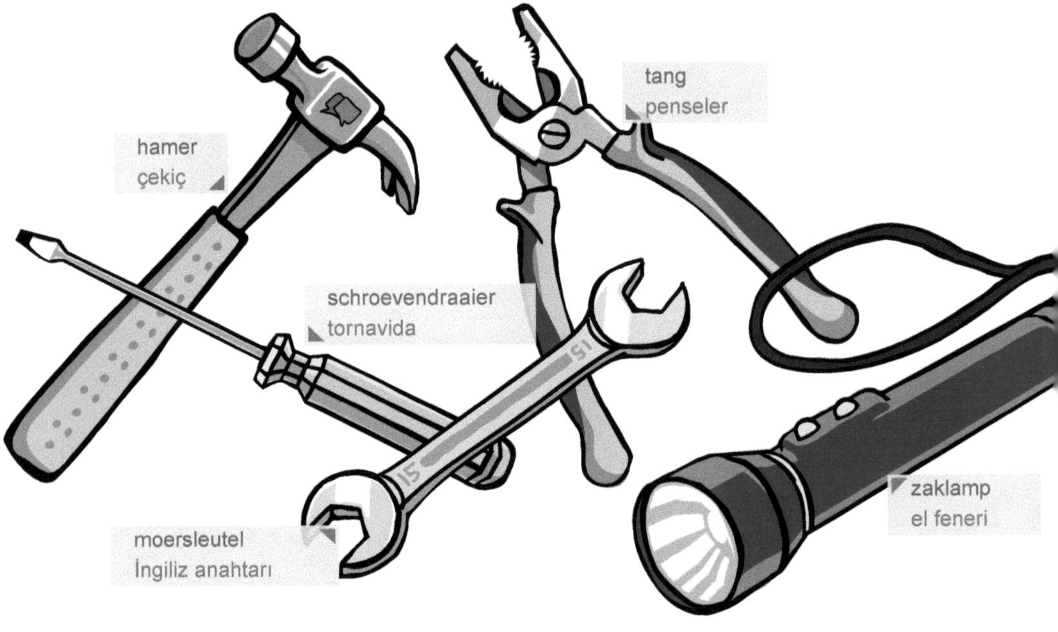

hamer
çekiç

tang
penseler

schroevendraaier
tornavida

moersleutel
İngiliz anahtarı

zaklamp
el feneri

graafmachine

kazı makinesi

gereedschapskist

alet çantası

ladder

merdiven

zaag

testere

spijkers

çiviler

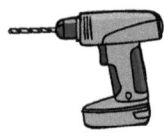

boor

matkap

repareren

tamir etmek

schep

kürek

Verdorie!

Kahretsin!

stofblik

faraş

verfpot

boya tenekesi

schroeven

vidalar

muziekinstrumenten
müzik enstrümanı

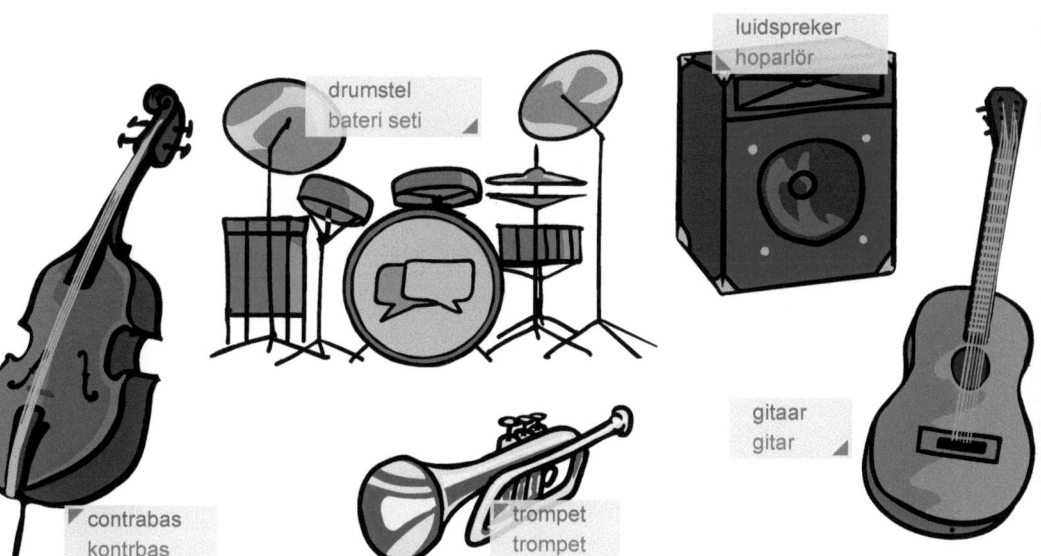

drumstel
bateri seti

luidspreker
hoparlör

gitaar
gitar

contrabas
kontrbas

trompet
trompet

piano
piyano

viool
keman

bas
basgitar

pauk
timpani

trommel
bateri

keyboard
klavye

saxofoon
saksafon

fluit
flüt

microfoon
mikrofon

dierentuin

hayvanat bahçesi

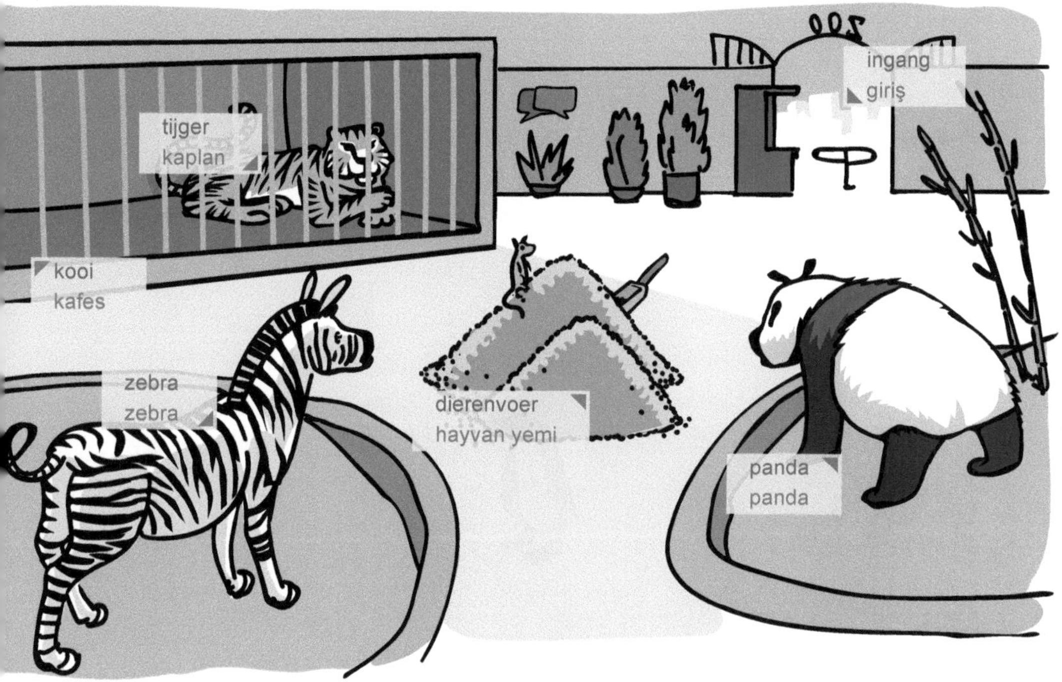
zoo
ingang
giriş
tijger
kaplan
kooi
kafes
zebra
zebra
dierenvoer
hayvan yemi
panda
panda

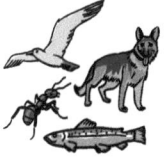

dieren

hayvanlar

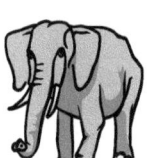

olifant

fil

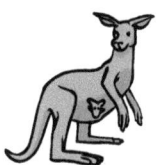

kangoeroe

kanguru

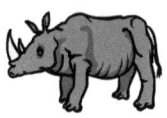

neushoorn

gergedan

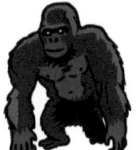

gorilla

goril

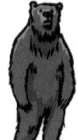

beer

ayı

kameel

deve

struisvogel

deve kuşu

leeuw

aslan

aap

maymun

flamingo

flamingo

papegaai

papağan

ijsbeer

kutup ayısı

pinguïn

penguen

haai

köpek balığı

pauw

tavus kuşu

slang

yılan

krokodil

timsah

dierenverzorger

hayvanat bahçesi görevlisi

zeehond

fok

jaguar

jaguar

pony

midilli atı

luipaard

leopar

nijlpaard

su aygırı

giraffe

zürafa

adelaar

kartal

wild zwijn

yaban domuzu

vis

balık

schildpad

kaplumbağa

walrus

mors

vos

tilki

gazelle

ceylan

sport
sporlar

American football
amerikan futbolu

wielrennen
bisiklete binme

tennis
tenis

basketbal
basketbol

zwemmen
yüzme

boksen
boks

ijshockey
buz hokeyi

voetbal
futbol

badminton
badminton

atletiek
atletizm

handbal
hentbol

skiën
kayak

polo
polo

activiteiten

etkinlikler

lachen
gülmek
springen
atlamak
knuffelen
sarılmak
lopen
yürümek
zingen
söylemek
dromen
hayal etmek
bidden
dua etmek
kussen
öpmek

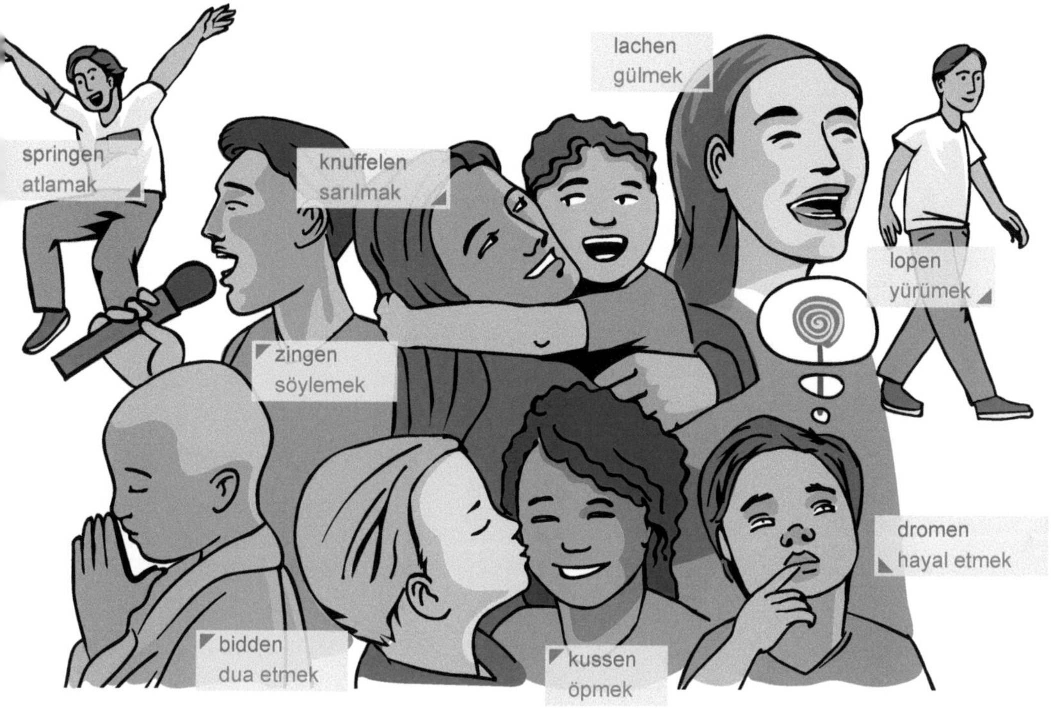

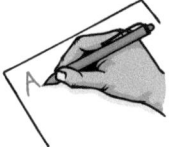

schrijven
yazmak

tekenen
çizmek

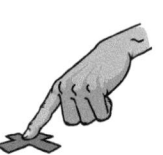

tonen
göstermek

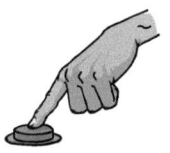

duwen
itmek

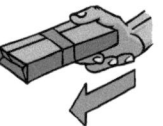

geven
vermek

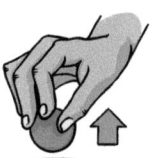

oppakken
almak

hebben

sahip olmak

doen

yapmak

zijn

olmak

staan

ayakta durmak

rennen

koşmak

trekken

çekmek

gooien

atmak

vallen

düşmek

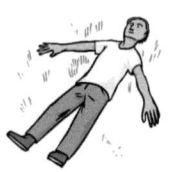

liggen

yalan söylemek

wachten

beklemek

dragen

taşımak

zitten

oturmak

aankleden

giyinmek

slapen

uyumak

wakker worden

uyanmak

bekijken

bakmak

huilen

ağlamak

strelen

vurmak

kammen

taramak

praten

konuşmak

begrijpen

anlamak

vragen

sormak

horen

dinlemek

drinken

içmek

eten

yemek

opruimen

düzenlemek

houden van

sevmek

koken

pişirmek

rijden

sürmek

vliegen

uçmak

zeilen

denize açılmak

rekenen

hesapla

lezen

okumak

leren

öğrenmek

werken

çalışmak

trouwen

evlenmek

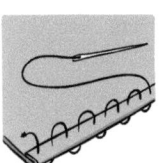

naaien

dikmek

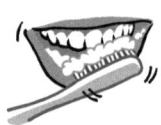

tandenpoetsen

diş fırçalamak

doden

öldürmek

roken

sigara içmek

verzenden

yollamak

grootmoeder
büyükanne

grootvader
büyükbaba

vader
baba

moeder
anne

baby
bebek

dochter
kız

zoon
oğul

gast

misafir

tante

teyze

oom

amca

broer

erkek kardeş

zus

kız kardeş

lichaam
vücut

voorhoofd
alın
oog
göz
schouder
omuz
vinger
parmak
gezicht
yüz
kin
çene
hand
el
been
bacak
borst
göğüs
arm
kol

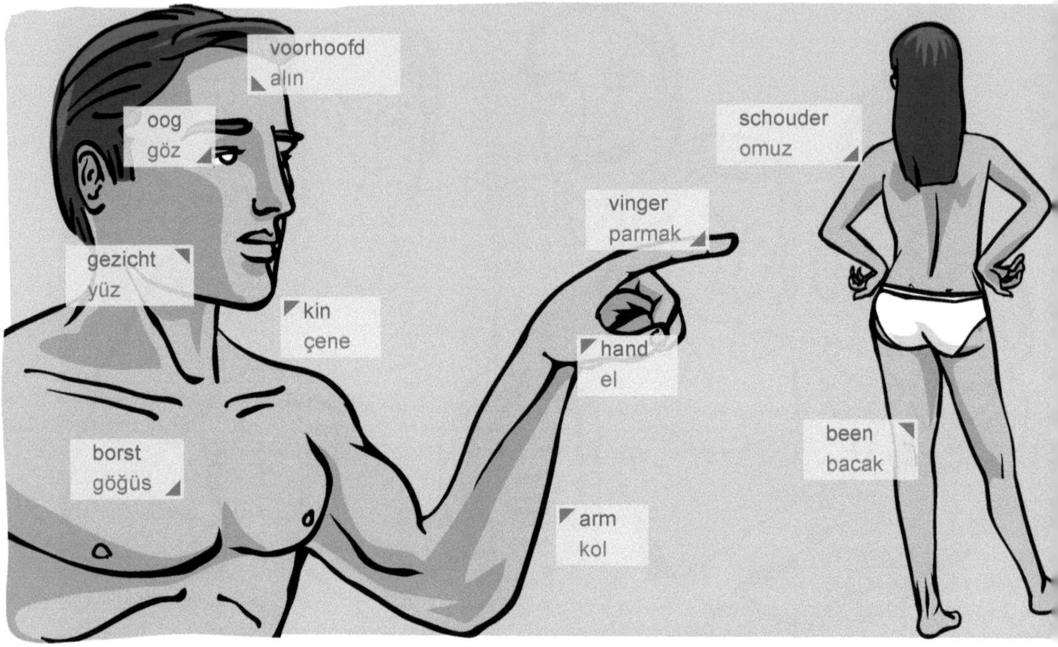

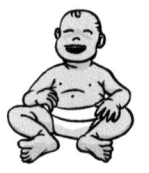

baby

bebek

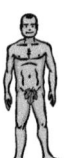

man

adam

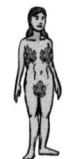

vrouw

kadın

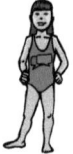

meisje

kız

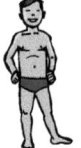

jongen

erkek çocuk

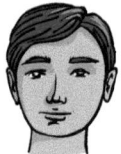

hoofd

baş

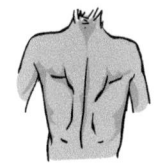

rug
sırt

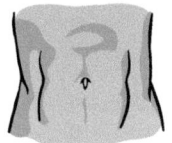

buik
karın

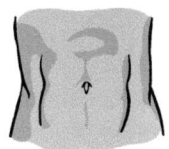

navel
göbek

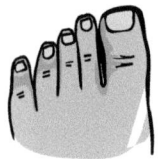

teen
ayak parmağı

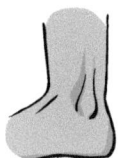

hiel
topuk

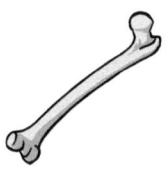

bot
kemik

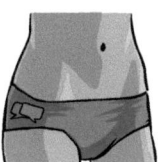

heup
kalça

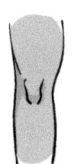

knie
diz

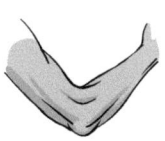

elleboog
dirsek

neus
burun

achterwerk
kalça

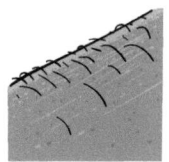

huid
deri

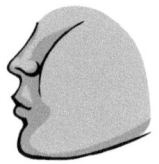

wang
yanak

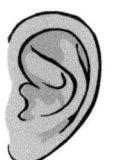

oor
kulak

lippen
dudak

mond
ağız

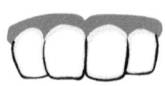

tand
diş

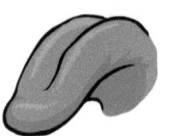

tong
dil

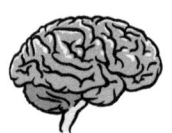

hersenen
beyin

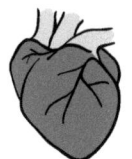

hart
kalp

spier
kas

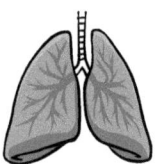

long
akciğer

lever
karaciğer

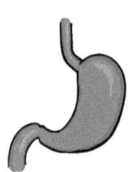

maag
mide

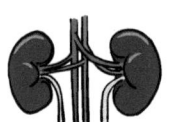

nieren
böbrekler

geslachtsgemeenschap
seks

condoom
prezervatif

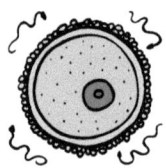

eicel
yumurtalık

sperma
sperm

zwangerschap
hamilelik

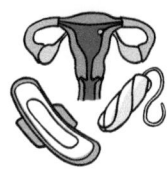

menstruatie

regl

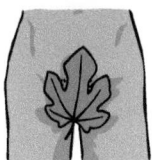

vagina

vajina

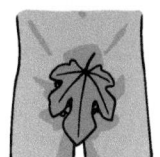

penis

penis

wenkbrauw

kaş

haar

saç

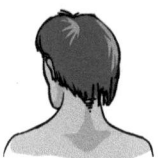

hals

boyun

ziekenhuis
hastane

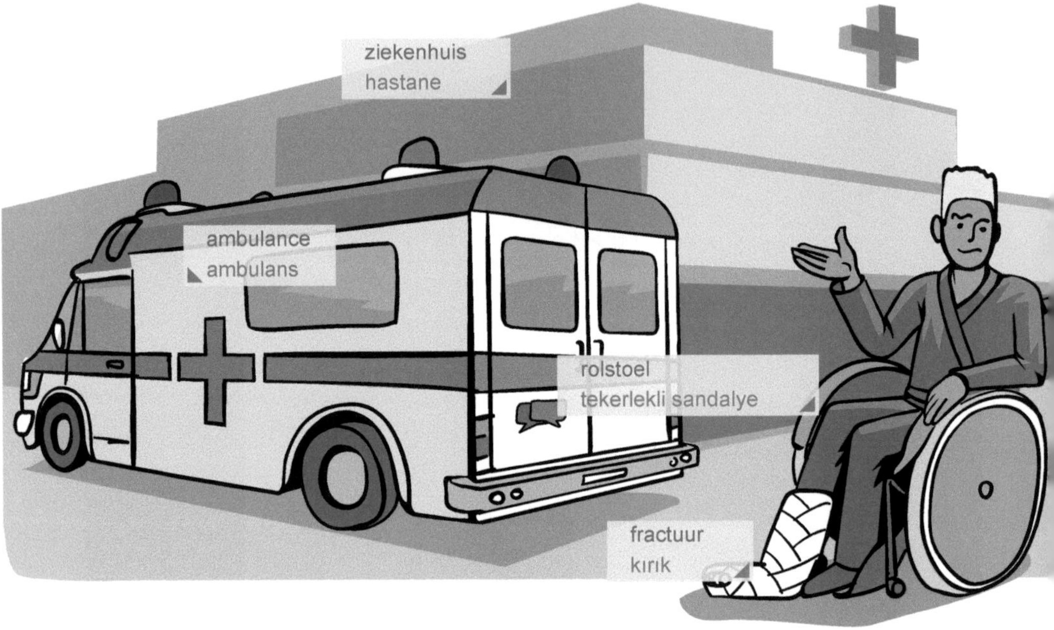

ziekenhuis
hastane
ambulance
ambulans
rolstoel
tekerlekli sandalye
fractuur
kırık

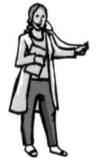

dokter

doktor

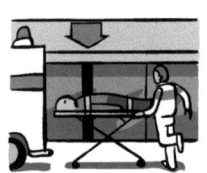

EHBO

acil servis

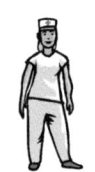

verpleegster

hemşire

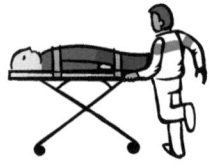

noodgeval

acil

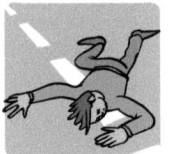

bewusteloos

baygın

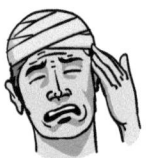

pijn

acı

verwonding
yaralanma

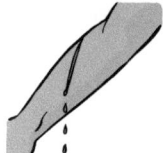

bloeding
kanama

hartaanval
kalp krizi

beroerte
felç

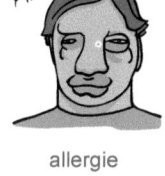

allergie
alerji

hoest
öksürük

koorts
ateş

griep
grip

diarree
ishal

hoofdpijn
baş ağrısı

kanker
kanser

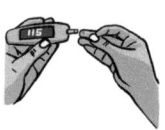

diabetes
şeker hastalığı

chirurg
cerrah

scalpel
neşter

operatie
operasyon

CT

bilgisayarlı tomografi

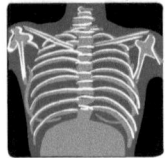

röntgen

röntgen

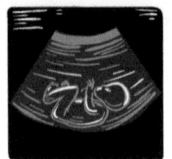

echografie

ultrason

gezichtsmasker

yüz maskesi

ziekte

hastalık

wachtkamer

bekleme odası

kruk

koltuk değneği

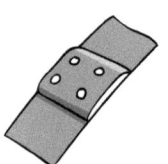

pleister

yara bandı

verband

bandaj

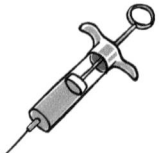

injectie

enjeksiyon

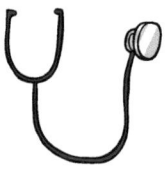

stethoscoop

steteskop

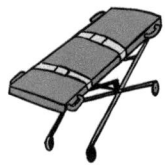

brancard

sedye

thermometer

tıbbi termometre

geboorte

doğum

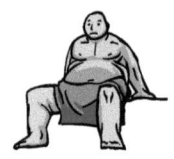

overgewicht

fazla kilo

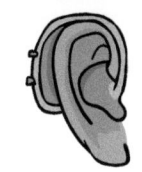

gehoorapparaat

işitme cihazı

ontsmettingsmiddel

dezenfektan

infectie

enfeksiyon

virus

virüs

HIV / AIDS

HIV / AIDS

medicijn

ilaç

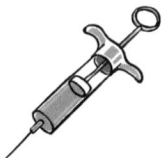

inenting

aşı

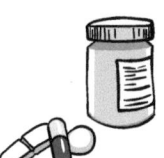

tabletten

tablet

pil

hap

alarmnummer

acil çağrı

bloeddrukmeter

tansiyon aleti

ziek / gezond

hasta / sağlıklı

Help!

İmdat!

alarm

alarm

overval

darp

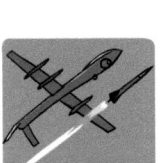

aanval

saldırı

gevaar

tehlike

nooduitgang

acil çıkış

Brand!

Yangın!

brandblusser

yangın tüpü

ongeluk

kaza

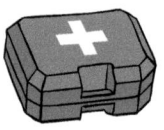

EHBO-koffer

ilk yardım çantası

SOS

imdat

politie

polis

Europa

Avrupa

Noord-Amerika

Kuzey Amerika

Zuid-Amerika

Güney amerika

Afrika

Afrika

Azië

Asya

Australië

Avustralya

Atlantische Oceaan

Atlantik

Stille Oceaan

Pasifik

Indische Oceaan

Hint Okyanusu

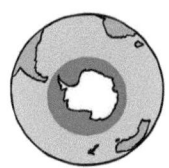

Zuidelijke Oceaan

Antarktika Okyanusu

Noordelijke IJszee

Arktik Okyanusu

Noordpool

Kuzey Kutbu

Zuidpool

Güney Kutbu

Antarctica

Antarktika

aarde

dünya

land

kara

zee

deniz

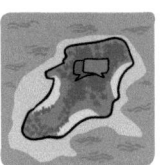

eiland

ada

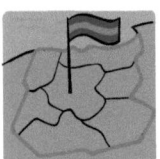

natie

ulus

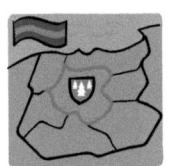

staat

ülke

wijzerplaat

kadran

uurwijzer

akrep

minutenwijzer

yelkovan

secondewijzer

saniye ibresi

Hoe laat is het?

Saat kaç?

dag

gün

tijd

zaman

nu

şimdi

digitaal horloge

dijital saat

minuut

dakika

uur

saat

week

hafta

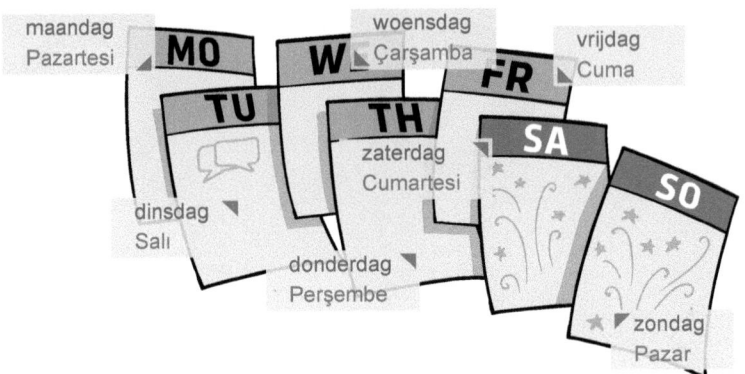

maandag / Pazartesi — **MO**
dinsdag / Salı — **TU**
woensdag / Çarşamba — **W**
donderdag / Perşembe — **TH**
vrijdag / Cuma — **FR**
zaterdag / Cumartesi — **SA**
zondag / Pazar — **SO**

gisteren
dün

vandaag
bugün

morgen
yarın

ochtend
sabah

middag
öğle

avond
akşam

werkdagen
iş günleri

weekend
hafta sonu

jaar
yıl

regen
yağmur
regenboog
gökkuşağı
wind
rüzgar
sneeuw
kara
voorjaar
bahar
herfst
sonbahar
zomer
yaz
winter
kış

4.APRIL 11°
5.APRIL 4°
6.APRIL 13°
7.APRIL 8°
8.APRIL 10°

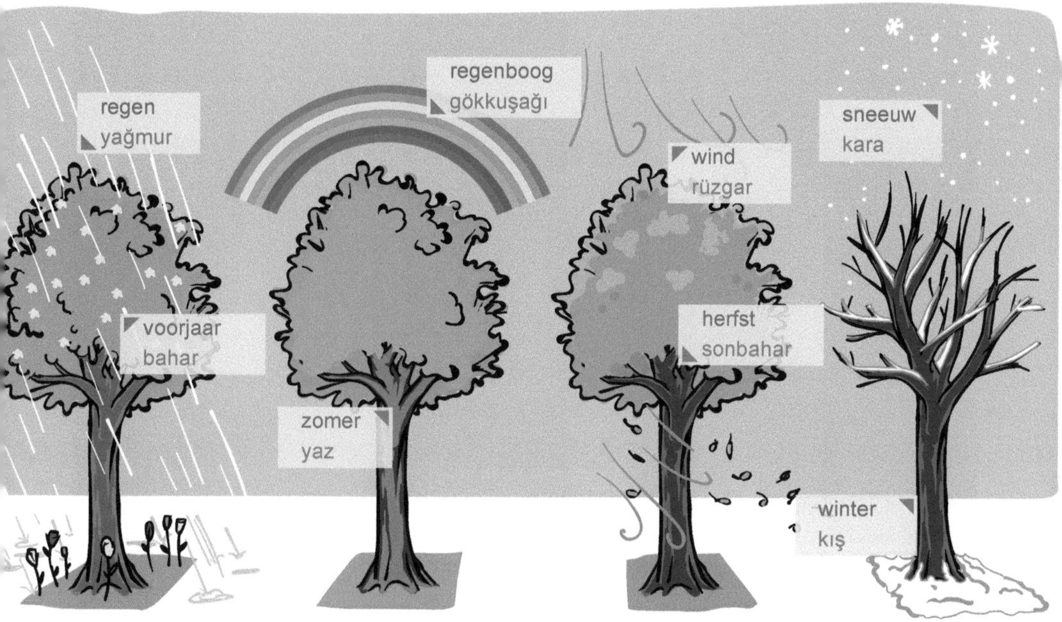

weerbericht
hava durumu tahmini

F
C
120
90
60
30
0
-30
40
30
20
10
0
-10
-20

thermometer
termometre

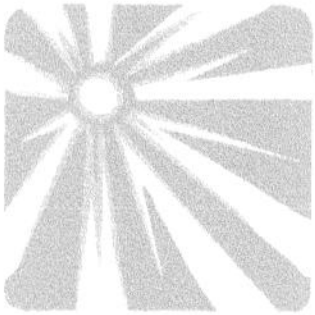

zonneschijn
güneş ışığı

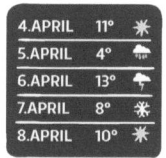

wolk
bulut

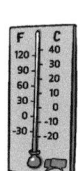

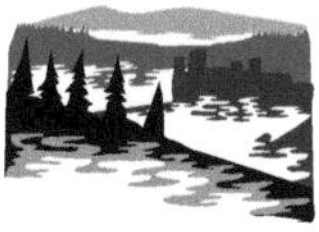

mist
sis

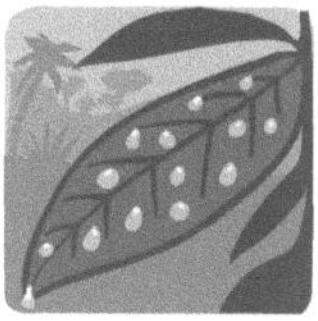

luchtvochtigheid
nem

bliksem

şimşek

donder

gök gürültüsü

storm

fırtına

hagel

dolu

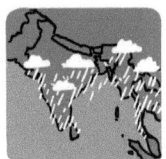

moesson

muson

overstroming

sel

ijs

buz

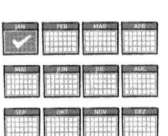

januari

Ocak

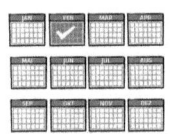

februari

Şubat

maart

Mart

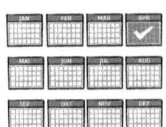

april

Nisan

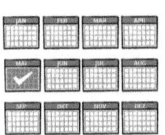

mei

Mayıs

juni

Haziran

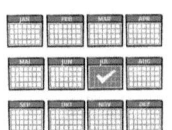

juli

Temmuz

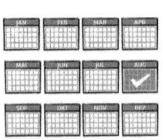

augustus

Ağustos

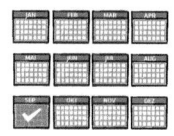

september
....
Eylül

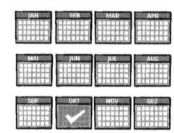

oktober
....
Ekim

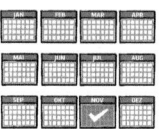

november
....
Kasım

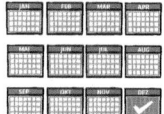

december
....
Aralık

cirkel
....
daire

vierkant
....
kare

rechthoek
....
dikdörtgen

driehoek
....
üçgen

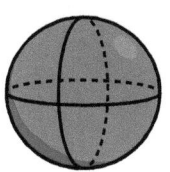

bol
....
küre

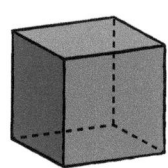

kubus
....
küp

wit

beyaz

geel

sarı

oranje

turuncu

roze

pembe

rood

kırmızı

paars

mor

blauw

mavi

groen

yeşil

bruin

kahverengi

grijs

gri

zwart

siyah

veel / weinig

çok / az

boos / rustig

kızgın / sakin

mooi / lelijk

güzel / çirkin

begin / einde

başlangıç / son

groot / klein

büyük / küçük

licht / donker

parlak / karanlık

broer / zus

erkek kardeş / kız kardeş

schoon / vies

temiz / kirli

volledig / onvolledig

tamam / eksik

dag/ nacht

gün / gece

dood / levend

ölü / canlı

breed / smal

geniş / dar

eetbaar / oneetbaar

yenilebilir / yenilemez

gemeen / aardig

kötü / iyi

opgewonden / verveeld

heyecanlı / sıkılmış

dik / dun

şişman / zayıf

eerste / laatste

ilk / son

vriend / vijand

dost / düşman

vol / leeg

dolu / boş

hard / zacht

sert / yumuşak

zwaar / licht

ağır / hafif

honger / dorst

açlık / susuzluk

ziek / gezond

hasta / sağlıklı

illegaal / legaal

yasa dışı / yasal

intelligent / dom

zeki / aptal

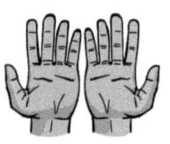

links / rechts

sol / sağ

dichtbij / ver

yakın / uzak

nieuw / gebruikt

yeni / kullanılmış

niets / iets

hiçbir şey / bir şey

oud / jong

yaşlı / genç

aan / uit

açma / kapama

open / gesloten

açık / kapalı

zacht / luid

sessiz / gürültülü

rijk / arm

zengin / fakir

goed / fout

doğru / yanlış

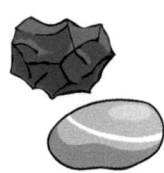

ruw / glad

pürüzlü / düz

verdrietig / gelukkig

üzgün / mutlu

kort / lang

kısa / uzun

langzaam / snel

yavaş / hızlı

nat / droog

ıslak / kuru

warm / koel

sıcak / serin

oorlog / vrede

savaş / barış

0

nul

sıfır

1

één

bir

2

twee

iki

3

drie

üç

4

vier

dört

5

vijf

beş

6

zes

altı

7

zeven

yedi

8

acht

sekiz

9

negen

dokuz

10

tien

on

11

elf

on bir

12

twaalf

on iki

13

dertien

on üç

14

veertien

on dört

15

vijftien

on beş

16

zestien

on altı

17

zeventien

on yedi

18

achttien

on sekiz

19

negentien

on dokuz

20

twintig

yirmi

100

honderd

yüz

1.000

duizend

bin

1.000.000

miljoen

milyon

talen
diller

Engels

İngilizce

Amerikaans Engels

Amerikan İngilizcesi

Chinees Mandarijn

Çince (Mandarin)

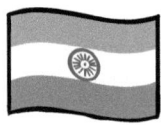

Hindi

Hintçe

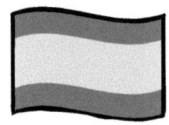

Spaans

İspanyolca

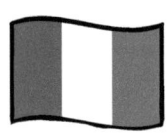

Frans

Fransızca

Arabisch

Arapça

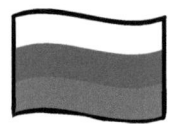

Russisch

Rusça

Portugees

Portekizce

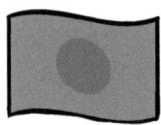

Bengalees

Bengalce

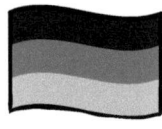

Duits

Almanca

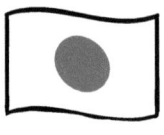

Japans

Japonca

ik

ben

jij

sen

hij / zij / het

o

wij

biz

jullie

siz

zij

onlar

wie?

kim?

wat?

ne?

hoe?

nasıl?

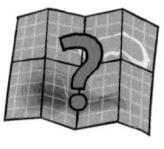

waar?

nerede?

wanneer?

ne zaman?

naam

isim

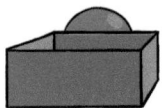

achter

arkasında

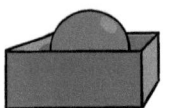

in

içinde

voor

önünde

boven

üzerinde

op

üstünde

onder

altında

naast

yanında

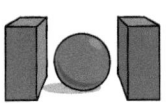

tussen

arasında

plaats

yer